CAJUN

Küche

KÖNEMANN

WICHTIGE ZUTATEN

Andouille ist eine geräucherte Wurst, die in der Küche Louisianas sehr beliebt ist. Sie läßt sich durch andere pikante Wurstsorten ersetzen.

Cajun-Gemüse, gehackte Zwiebeln, Staudensellerie und grüne Paprikaschoten, sind die Grundlage vieler Gerichte. Der Einfachheit halber benutzen wir hier eine Standardmischung (siehe S. 3).

Cajun-Gewürze sind eine für die Cajun-Küche charakteristische Kombination aus verschiedenen Gewürzen und Kräutern (siehe S. 3).

Capsicum Auch als Paprika oder Spanischer Pfeffer bekannt.

Cayennepfeffer wird aus Chili-Schoten gewonnen, die mit Mehl gebraten, getrocknet und fein gemahlen werden.

Etouffée heißt wörtlich etwa 'überhäuft' und bezeichnet Gerichte mit sehr viel Sauce.

Filépulver besteht aus gemahlenen Sassafrasblättern und wird wie Okra zum Andicken benutzt. Filé darf nicht gekocht werden, da es sonst Fäden zieht und klebrig wird.

Flußkrebse Die typischen kleinen Louisiana-Flußkrebse können oft durch Hummer, Panzerkrebse, Scampi oder große Garnelen ersetzt werden.

Fond aus Meeresfrüchten wird aus Garnelen und Fischabfällen hergestellt, die $^1/_4$ Std. in Wasser gekocht werden. Man kann den Fond auch durch Meeresfrüchte aus der Dose oder Austern-Bisque ersetzen.

Gumbo ist ein Eintopfgericht, das nach den Okras (gombo) benannt ist, die von Afrika nach Amerika eingeführt wurden. Okras werden zum Andicken benutzt und verleihen den Gerichten ihre spezielle gallertartige Konsistenz. Es gibt allerdings auch Gumbos, die ohne Okras zubereitet werden.

Jambalaya Herzhafte Reisgerichte, die mit verschiedenen Fleischsorten zubereitet werden, vor allem aber mit Tasso.

Knoblauchpulver Fein gemahlener, getrockneter Knoblauch. Kann durch Knoblauchsalz ersetzt werden.

Okra siehe *Gumbo*.

Paprikaschoten Verwendet werden grüne und rote Paprika.

Roux zählt zu den wichtigsten Zutaten der Cajun-Küche. Eine Roux ist eine mehr oder weniger dunkle Einbrenne oder Mehlschwitze, die den Gerichten ihr charakteristisches nussiges Aroma verleiht (siehe Rezept auf S. 3).

Tabasco ist ein flüssiges Gewürz aus Louisiana, das

aus Tabasco-Chilis gewonnen wird. Tabasco ist so scharf, daß immer nur wenige Tropfen benötigt werden.

Tasso ist ein kräftig gewürzter Rauchschinken.

Zwiebelpulver Fein gemahlene, getrocknete Zwiebeln. Kann durch Zwiebelsalz ersetzt oder weggelassen werden.

Cajun-Gemüse

1 große Zwiebel
1 grüne Paprikaschote
2 kurze Stangen Sellerie

Das Gemüse schälen, säubern und fein hacken. Ergibt circa 500–600 g.

Cajun-Gewürze

1 EL Knoblauchpulver
1 EL Zwiebelpulver
2 TL weißer Pfeffer
2 TL grob gemahlener schwarzer Pfeffer
1 1/2 TL Cayennepfeffer
2 TL getrockneter Thymian
1/2 TL getrockneter Oregano

Alle Zutaten vermischen und in einem Gewürzglas aufbewahren.

Hinweis: Statt Pulver

kann auch Zwiebel- und Knoblauchsalz verwendet werden.

Roux Eine Roux wurde traditionell bei schwacher Hitze sehr langsam zubereitet, manchmal mehrere St. lang. Man kann die Garzeit aber auf wenige Min. beschränken, wenn man sie mit der nötigen Sorgfalt auf sehr großer Flamme zubereitet. Die Roux läßt sich vorbereiten und, mit Alufolie abgedeckt, im Kühlschrank aufbewahren. Vor Gebrauch auf Zimmertemperatur erwärmen.

Für die Roux benötigt man zu gleichen Teilen Öl und Mehl. Das Öl in einer schweren Pfanne erhitzen. Wenn es sehr heiß ist, ein Viertel des Mehls darüberstreuen und kräftig unterrühren, am besten mit einem Schneebesen mit langem Stiel. Nach und nach das restliche Mehl zugeben und weiterrühren, bis es die gewünschte Farbe angenommen hat. Die Mischung muß ständig leichte Blasen werfen. Eine helle Roux, bei großer Hitze gerührt, braucht circa 2 Min., eine rotbraune circa 5 Min.. Die besten Ergebnisse werden erzielt, wenn man die Temperatur unverändert hoch läßt und die Pfanne zwischendurch immer wieder für 30 Sek. vom Herd nimmt. Damit die Roux nicht anbrennt, muß man ständig kräftig rühren; angebrannte Roux ist bitter und unbrauchbar.

Hinweis: Bei der Zubereitung Arme und Hände unbedingt mit langen Ärmeln und Baumwollhandschuhen schützen und einen langstieligen Schneebesen verwenden. Wenn Roux auf die Haut kommt, kann sie schwere Verbrennungen verursachen.

Garnelen schälen; Darm entfernen. Abspülen und auf Küchenpapier abtropfen lassen.

Milch und Ei mit den anderen Zutaten zu einem glatten Teig verrühren.

VORSPEISEN UND KLEINE GERICHTE

Diese reichhaltigen, würzigen kleinen Gerichte sind für die Cajun-Küche charakteristisch. Sie werden heiß serviert und sind ideal zum Apéritif.

Cajun-'Popcorn'

Knusprige und würzige Garnelen.

Vorbereitungszeit: 10 Minuten + 30 Minuten Ruhen
Zubereitungszeit: 10 Minuten
Für 6 Personen

750 g ungekochte Garnelen
1 Ei
250 ml Milch
40 g sehr feines Maismehl
120 g Mehl
1/2 TL Backpulver
1 1/2 TL Cajun-Gewürze (siehe S. 3)
1/4 TL getrocknetes Basilikum
1/2 TL Selleriesalz
Öl zum Fritieren

1 Die Garnelen schälen; Darm entfernen. Abspülen und auf Küchenpapier gut abtropfen lassen.

2 Das Ei mit der Milch verschlagen. In einer großen Schüssel Maismehl, Mehl, Backpulver, Cajun-Gewürze, Basilikum und Selleriesalz mischen. Mit der Hälfte der Milch-Eier-Mischung zu einem glatten Teig verrühren, anschließend den Rest der Eiermilch unterrühren und 30 Min. ruhen lassen.

3 Die Garnelen in den Teig tauchen und portionsweise in mäßig heißem Öl knusprig und goldbraun fritieren. Mit einem Schaumlöffel herausnehmen.

4 Kurz auf Küchenpapier abtropfen lassen und heiß mit einer passenden Sauce servieren.

Hinweis: Das Maismehl sollte sehr fein sein, damit die Garnelen besonders knusprig werden.

Garnelen in den Teig tauchen und portionsweise in mäßig heißem Öl fritieren.

Garnelen goldbraun und knusprig ausbacken und mit einem Schaumlöffel herausnehmen.

Austern New Orleans

Vorbereitungszeit: 20 Minuten
Zubereitungszeit: 4–6 Minuten
Für 4 Personen

24 große Austern ohne Schale
2 TL Cajun-Gewürze (siehe S. 3)
1/2 TL Paprikapulver
1/4 TL getrocknetes Basilikum
75 g Mehl
125 ml Pflanzenöl
45 g Butter

1 Austern auf Küchenpapier abtropfen lassen. In einer flachen Schüssel Cajun-Gewürze, Paprika und Basilikum vermischen; 2 TL der Mischung beiseite stellen. Das Mehl mit den verbliebenen Gewürzen mischen.

2 Je drei Austern auf acht eingeölte Bambus- oder Metallspieße stekken und in dem gewürzten Mehl wenden.

3 Öl und Butter in einer großen Pfanne erhitzen und Austern unter mehrmaligem Wenden darin circa 6 Min. goldbraun braten. Auf Küchenpapier abtropfen lassen, mit dem Rest der Gewürzmischung bestreuen und mit Zitronenvierteln und Mayonnaise servieren.

In einer flachen Schüssel das Mehl mit Cajun-Gewürzen, Paprika und Basilikum mischen.

Je drei Austern auf acht eingeölte Bambus- oder Metallspieße stecken.

Austern in dem gewürzten Mehl wenden, bevor sie gebraten werden.

Austern unter mehrmaligem Wenden goldbraun braten; mit Mayonnaise servieren.

'Hushpuppies'

Maismehlkrapfen

Vorbereitungszeit: 10 Minuten
Zubereitungszeit: 10 Minuten
Ergibt 24-36 Stück

150 g feines Maismehl
75 g Mehl mit Backpulver gemischt
2 EL Maisstärke
1 EL Backpulver
1/2 TL Zwiebelsalz
1/4 TL Chilipulver
1 TL Cajun-Gewürze (siehe S. 3)
1 Knoblauchzehe, fein gehackt
2 EL geriebene Zwiebel
2 Eier, leicht geschlagen
180 ml Milch
1 EL Schmalz
Öl zum Fritieren

1 In einer Rührschüssel Mehl, Maisstärke, Backpulver, Zwiebelsalz, Chili und Cajun-Gewürze mit Knoblauch, geriebener Zwiebel und den leicht geschlagenen Eiern vermischen.

2 Milch und Schmalz in einem kleinen Topf langsam erhitzen, bis das Fett geschmolzen ist. Über die Mehlmischung gießen und gut verrühren. Abkühlen lassen.

3 Das Öl in einer tiefen, schweren Pfanne erhitzen. Den Teig eßlöffelweise hineingeben und fritieren, bis die Krapfen aufgegangen und goldbraun sind. Ein- oder zweimal wenden.

4 Mit einem Schaumlöffel oder Sieb herausnehmen, auf Küchenpapier abtropfen lassen. Warm servieren.

Hinweis: Jeweils nur vier oder fünf Eßlöffel Teig auf einmal fritieren, da das Öl sonst abkühlt und die Krapfen zuviel Fett aufnehmen. Außerdem müssen die Krapfen wirklich im Öl schwimmen, das heißt, das Öl muß mindestens 3 cm hoch in der Pfanne stehen.

Die leicht geschlagenen Eier zu dem Mehl, dem Knoblauch und der Zwiebel geben.

Die warme Milch mit dem Schmalz darübergießen und gut verrühren; abkühlen lassen.

4–5 EL Teig in der Pfanne fritieren, bis die Krapfen aufgegangen und goldbraun sind.

Krapfen mit einem Schaumlöffel aus der Pfanne heben, auf Küchenpapier abtropfen lassen.

Kleine Flußkrebspasteten

Vorbereitungszeit: 40 Minuten
Zubereitungszeit: 25 Minuten
Ergibt 24 Stück

375 g tiefgefrorener Mürbeteig (oder Backmischung)
24 kleine Flußkrebsschwänze oder 12 ungekochte große Garnelen
45 g Butter
40 g Mehl
250 g gehackte Cajun-Gemüse (siehe S. 3)
2 abgetropfte Tomaten aus der Dose
1 TL Cajun-Gewürze (siehe S. 3)
1 Ei, leicht geschlagen

1 Den Teig auftauen. Den Ofen auf 200 °C vorheizen. Flußkrebsschwänze halbieren bzw. Garnelen schälen und grob hacken; vorher den Darm entfernen.

2 Die Butter in einem kleinen Topf erhitzen, das Mehl einrühren und unter Rühren anbräunen. Cajun-Gemüse zugeben und weichdünsten.

3 Die zerdrückten Tomaten und die Gewürzmischung zugeben und zugedeckt kochen lassen, bis die Sauce dick wird. Gelegentlich umrühren.

4 Die Flußkrebsschwänze oder Garnelen in der Sauce circa 2 Min. erhitzen. Sauce vom Herd nehmen und abkühlen lassen.

5 Den Teig dünn ausrollen und 24 Kreise mit einem Durchmesser von 7 cm ausstechen. Die Füllung mit einem Teelöffel auf die Teigkreise setzen.

6 Die Ränder mit Wasser anfeuchten, den Teig über die Füllung schlagen und die Ränder mit der Gabel zusammendrücken.

7 Die Pasteten auf ein Backblech legen, die Oberseite mit geschlagenem Ei bestreichen und 25 Min. goldbraun backen. Heiß mit würziger Tomatensauce servieren.

Cajun-Gemüse, zerdrückte Tomaten und Gewürze zu dem Mehl geben.

Wenn die Sauce dick wird, die Krebsschwänze hineingeben und erhitzen. Vom Herd nehmen.

Die Füllung mit einem Teelöffel auf den Teig geben, die Ränder mit Wasser anfeuchten.

Den Teig über die Füllung schlagen. Die Ränder mit der Gabel zusammendrücken.

Frühlingszwiebeln andünsten; 1/2 EL Cajun-Gewürze, Paprika, Basilikum und Sahne dazugeben.

Die geschälten Garnelen und den Wein zugeben und 3 Minuten köcheln lassen.

FISCH UND MEERESFRÜCHTE

Für die folgenden Rezepte eignen sich alle Arten von Meeresfrüchten, so daß die angegebenen Meeresfrüchte, falls nicht erhältlich, durch andere ersetzt werden können.

Fisch- und Garnelen-Auflauf

Vorbereitungszeit: 15 Minuten
Zubereitungszeit: 30 Minuten
Für 6 Personen

250 ml trockener Weißwein
12 mittelgroße ungekochte Garnelen
4 Frühlingszwiebeln, fein gehackt
50 g Butter
1 EL Cajun-Gewürze (siehe S. 3)
1/4 TL süßer Paprika
1/2 TL getrocknetes Basilikum
375 ml Sahne
650 g Fischfilets (Weißfisch)
2 TL Senfpulver
125 ml Olivenöl
30 g Butter zusätzlich
110 g Reis, gekocht

1 Garnelen im Wein weich kochen. Schälen und Darm entfernen. Wein beiseitestellen.

2 Frühlingszwiebeln in der Butter eine Min. dünsten. 1/2 EL Cajun-Gewürze, Paprika, Basilikum und Sahne dazugeben und aufkochen. Wein und Garnelen unterrühren und circa 3 Min. köcheln lassen.

3 Fischfilets mit den restlichen Cajun-Gewürzen und dem Senfpulver bestreuen. In einer großen Pfanne Öl und Butter erhitzen und Fisch darin braten. In gleichmäßige Stücke schneiden.

4 Reis in eine feuerfeste Form geben, Fisch darauf verteilen und Sauce mit den Garnelen darübergießen. 10 Min. bei 200 °C backen.

Fisch vor dem Braten mit der restlichen Gewürzmischung und dem Senfpulver bestreuen.

Den gebratenen Fisch in Stücke schneiden und auf dem Reis verteilen.

'Blackened Fish'

'Geschwärzter Fisch'

125 g Butter
6 große Fischfilets (Weißfisch)
2 EL Cajun-Gewürze (siehe S. 3)
2 TL süßer Paprika

1 Die Butter in einem kleinen Topf zerlassen und die Filets damit bestreichen.

Vorbereitungszeit: 5 Minuten
Zubereitungszeit: 6–8 Minuten
Für 6 Personen

2 Cajun-Gewürze mit dem Paprika-Pulver vermischen und die Fischfilets dick damit bestreuen. Gleichmäßig einreiben.

3 Eine große Pfanne erhitzen. Die Fischfilets portionsweise in die heiße Pfanne legen und von jeder Seite bei hoher Temperatur 1–2 Min. braten. Die Außenseiten müssen deutlich geschwärzt sein. Wenn nötig, noch ein wenig Butter zugeben.

4 Heiß mit der restlichen Butter und Reis servieren.

TIP
Beim Kauf der Fischfilets darauf achten, daß sie gleichmäßig dick und nicht dicker als 2 cm sind.

Fischfilets großzügig mit zerlassener Butter bestreichen.

Filets reichlich mit der Gewürzmischung bestreuen; gleichmäßig einreiben.

Filets portionsweise in einer sehr heißen Pfanne 1-2 Minuten braten.

Wenden und auch die andere Seite dunkelbraun braten. Wenn nötig, etwas Butter zugeben.

Gumbo mit Garnelen

Vorbereitungszeit:
20 Minuten
Zubereitungszeit:
$1^1/_4$ Stunden
Für 6 Personen

1 Dose Okra (ca. 300 g), abgespült und abgetropft
1 Dose Tomaten (ca. 425 g)
60 g Butter
370 g Cajun-Gemüse (siehe S. 3)
2 Knoblauchzehen, gehackt
2 TL Tomatenmark
2 TL Cajun-Gewürze (siehe S. 3)
2 Lorbeerblätter
$^1/_4$ TL gemahlener Piment
2 TL zerdrückte getrocknete Chilischoten
1 EL Worcestersauce
Pfeffer nach Geschmack
500 ml Fond von Meeresfrüchten
3 EL rotbraune Roux (siehe S. 3)
600 g mittelgroße ungekochte Garnelen, ohne Schalen und Darm
1 TL Filépulver (siehe S. 2), falls erhältlich

1 Okra mit den zerdrückten Tomaten in einem Topf zum Kochen bringen und zugedeckt bei geringer Hitze 15 Min. köcheln lassen.

2 Cajun-Gemüse in Butter 2–3 Min. andünsten, Knoblauch zugeben und 20 Min. kochen.

3 Okra-Tomaten-Mischung, Tomatenmark, Cajun-Gewürze, Lorbeerblätter, Piment, Chili, Worcestersauce und Pfeffer zugeben. Zwei Min. durchrühren, dann Fond und Roux einrühren und weitere 15 Min. kochen.

4 Garnelen zugeben und knapp gar kochen, mit Pfeffer abschmecken und das Filépulver unterrühren.

TIP
Der Name 'Gumbo' wird von der afrikanischen Okra-Sorte 'Kingombo' abgeleitet.

Okras und Tomaten aufkochen und zugedeckt köcheln lassen.

Cajun-Gemüse (Zwiebeln, Paprika und Sellerie) vorbereiten; Knoblauch hacken.

Okra und Tomaten, Tomatenmark und Gewürze zum Cajun-Gemüse geben.

Lorbeerblätter und Garnelen unterrühren; köcheln lassen, bis die Garnelen knapp gar sind.

Crêpes mit Meeresfrüchten

Vorbereitungszeit:
25 Minuten +
1 Stunde Ruhen
Zubereitungszeit:
30 Minuten
Für 6 Personen

250 ml Milch
1 Ei
15 g zerlassene Butter
1 TL Zucker
100 g Mehl, gesiebt

FÜR DIE FÜLLUNG:
4 Frühlingszwiebeln, fein gehackt
60 g Butter
1 TL Cajun-Gewürze (siehe S. 3)
1/2 TL süßer Paprika
1 große Tomate, gehackt
125 ml trockener Weißwein
300 g gekochte Garnelen, geschält und zerkleinert
1 Dose Krebsfleisch (ca. 170 g), abgetropft und zerkleinert
125 ml Sahne
1 EL Mehl
24 Austern
2 EL geriebener Käse (siehe TIP)

1 Milch, Eier, Butter und Zucker in einer Schüssel gut verrühren. Nach und nach das Mehl zugeben und zu einem glatten Teig verarbeiten. Zugedeckt 1 Std. ruhen lassen.

2 Die weißen Teile der Frühlingszwiebeln in der Butter 2 Min. andünsten, Cajun-Gewürze, Paprika und Tomatenstücke zugeben und weitere 3–4 Min. köcheln lassen. Den Wein angießen und unter Rühren aufkochen, bis die Sauce dick wird.

3 Garnelen und Krebsfleisch 2–3 Min. mitkochen lassen. Sahne und Mehl verrühren, in die Sauce gießen und unter Rühren aufkochen, bis die Sauce dick wird. Austern und die grünen Spitzen der Frühlingszwiebeln zugeben, Topf vom Herd nehmen und beiseite stellen.

4 Eine Crêpe-Pfanne von circa 16 cm Durchmesser mit Butter oder Öl ausreiben, erhitzen und eine kleine Menge Teig hineingeben. Bei mittlerer Hitze von beiden Seiten hellbraun backen. Die fertigen Crêpes auf einem Teller übereinanderlegen und mit einem sauberen Tuch abdecken.

5 Die Crêpes mit der Sauce füllen und nebeneinander in eine Auflaufform legen. Käse darüberstreuen und im sehr heißen Ofen 10 Min. überbacken.

TIP

Statt geriebenem Käse kann man auch 1 EL saure Sahne über jede Portion geben.
Die Crêpe-Seite, die zuerst gebacken wurde, sieht schöner aus. Beim Füllen deshalb darauf achten, daß diese Seite außen ist.

Garnelen, Krebsfleisch, Sahne und Mehl in die Sauce rühren und köcheln lassen.

Austern und das gehackte Grün der Frühlingszwiebeln zugeben. Warm stellen.

Die Crêpes hellbraun backen. Fertige Crêpes übereinanderlegen.

Crêpes mit der Meeresfrüchte-Mischung füllen und nebeneinander in eine Auflaufform legen.

Gefüllte Paprika mit Krebsfleisch

Vorbereitungszeit:
15–20 Minuten
Zubereitungszeit:
30 Minuten
Für 6 Personen

6 kleine rote Paprikaschoten
60 g Butter
1 Knoblauchzehe, gehackt
1 kleine Zwiebel, gehackt
1/2 Stange Sellerie, fein gehackt
2 Dosen Krebsfleisch (je ca. 170 g), abgetropft und zerkleinert
1 1/2 TL Cajun-Gewürze (siehe S. 3)
60 g frisch geriebenes Weißbrot

1 Stielseite der Paprikas abschneiden, Samengehäuse und innere Rippen entfernen.

2 Knoblauch, Zwiebeln und Sellerie in 45 g Butter weich dünsten. Krebsfleisch und Gewürze zugeben, kurz aufkochen. Hälfte des Weißbrots einrühren.

3 Paprikaschoten mit der Mischung füllen und in eine gefettete feuerfeste Form stellen. Das restliche Brot darauf verteilen und auf jede Paprika ein Stück Butter legen. 125 ml Wasser in die Form gießen.

4 30 Min. bei 190 °C backen. Heiß servieren.

Hinweis: Man kann auch gekochte kleine Garnelen oder Muscheln verwenden.

Stielseite der Paprikas abschneiden, Samengehäuse und innere Rippen entfernen.

Hälfte des geriebenen Weißbrots mit der Krebs-Gemüse-Mischung verrühren.

Paprikas mit der Mischung füllen und in eine gefettete feuerfeste Form stellen.

Mit dem restlichen geriebenen Brot bestreuen und auf jede Paprika ein Stück Butter legen.

Flußkrebs-Etouffée

Vorbereitungszeit: 10 Minuten
Zubereitungszeit: 15 Minuten
Für 6 Personen

45 g Butter
180 g Cajun-Gemüse (siehe S. 3)
1 rote Paprikaschote, in feinen Streifen
1 TL Cajun-Gewürze (siehe S. 3)
1 TL Selleriesalz
1/2 TL getrocknetes Basilikum
1 roter Chili, entkernt und fein gehackt
500 ml Fond von Meeresfrüchten
3 EL rotbraune Roux
500 g Hummerschwänze, in mundgerechte Stücke geschnitten
3 Frühlingszwiebeln, fein gehackt

1 Cajun-Gemüse und Paprikastreifen 5 Min. in Butter andünsten. Mit Cajun-Gewürzen, Selleriesalz, Basilikum und Chili würzen.

2 Fond zum Kochen bringen, Roux einrühren und bei mittlerer Hitze 5 Min. köcheln lassen. Gemüse zugeben und 15 Min. mitköcheln.

3 Hummerstücke und Frühlingszwiebeln dazugeben und 3–4 Min. gar kochen. Abschmecken.

4 Auf gedämpftem weißem Reis servieren.

Hinweis: Etouffée bedeutet wörtlich etwa 'überhäuft' und bezeichnet Gerichte mit viel Sauce. Normalerweise gehören die kleinen Louisiana-Flußkrebse zu diesem Gericht. In Scheiben geschnittenes Hummer-, Panzerkrebs-, Scampi- oder Krebsfleisch ist ebenfalls geeignet. Flußkrebse können in einigen Rezepten der Cajun-Küche durch Hummer oder große ungekochte Garnelen ersetzt werden.

TIP
Für ein Geflügel-Etouffée statt Hummer kleingeschnittenes Huhn verwenden.

Cajun-Gewürze, Selleriesalz, Basilikum und Chili zu der Gemüsemischung geben.

Die Roux in den Fond einrühren und ohne Deckel 5 Minuten köcheln lassen.

Gemüse und Gewürze noch 15 Minuten in der Sauce mitkochen.

Hummer und Frühlingszwiebeln mit den anderen Zutaten garen.

Gefüllte Aubergine mit Meeresfrüchten

Vorbereitungszeit:
30–40 Minuten
Zubereitungszeit:
25 Minuten
Für 6 Personen

3 mittelgroße Auberginen
$1^1/_4$ TL Salz
$^1/_2$ TL Cayennepfeffer
$^1/_2$ TL schwarzer Pfeffer
150 g Mehl
2 Eier, leicht geschlagen
200 g Paniermehl
Öl zum Fritieren

FÜR DIE FÜLLUNG:
45 g Butter
250 g Cajun-Gemüse (siehe S. 3)
$^1/_2$ TL Zitronenpfeffer
$^1/_2$ TL Cayennepfeffer
1 TL süßer Paprika
125 g kleine gekochte Garnelen
125 g Kammuscheln
60 g Krebsfleisch
3 Frühlingszwiebeln, fein gehackt
2 EL helle Roux (siehe S. 3)
1 TL Tomatenmark
250 ml Sahne
weißer Pfeffer

1 Auberginen schälen, der Länge nach halbieren und mit dem Löffel bis auf einen Rand von 1 cm aushöhlen. Fruchtfleisch einsalzen und 20 Min. stehen lassen. Abspülen, abtropfen und fein hacken.

2 In einem Topf die Butter erhitzen und die Cajun-Gemüse mit dem Auberginenfleisch unter Rühren weich dünsten. Mit Zitronenpfeffer, Cayennepfeffer und Paprika würzen.

3 Garnelen, Muscheln und das grob zerkleinerte Krebsfleisch, Frühlingszwiebeln, Roux, Tomatenmark und Sahne unterrühren, mit Pfeffer abschmecken. 5–6 Min. köcheln lassen, bis die Mischung dick wird. Warm stellen.

4 Auberginenhälften abtrocknen, mit Cayennepfeffer und schwarzem Pfeffer bestreuen und in Mehl wenden, überflüssiges Mehl abschütteln. Auberginen erst in den geschlagenen Eiern, dann in Paniermehl wenden.

5 Auberginen bei mittlerer Hitze goldgelb fritieren. Gut abtropfen lassen, mit den Meeresfrüchten füllen und mit Zitronenvierteln servieren.

TIP

Auberginen sind das ganze Jahr erhältlich, vor allem aber in den Sommermonaten. Geeignet sind junge, feste, glänzende Früchte ohne weiche Stellen. Das Einsalzen verhindert, daß die Auberginen beim Fritieren zuviel Öl aufsaugen. Vor dem Fritieren gut abspülen und abtrocknen.

Auberginen schälen und der Länge nach halbieren. Bis auf einen Rand von 1 cm aushöhlen.

Fruchtfleisch einsalzen und 20 Minuten stehen lassen. Abspülen, abtrocknen und fein hacken.

Auberginenhälften panieren und bei mittlerer Hitze goldbraun fritieren.

Abtropfen lassen, mit den Meeresfrüchten füllen und mit Zitronenvierteln servieren.

Jambalaya mit Garnelen

Vorbereitungszeit: 20 Minuten
Zubereitungszeit: 45 Minuten
Für 6 Personen

1 kg große Garnelen, ungekocht, mit Schale
1 kleine Zwiebel, gehackt
1 Stange Sellerie, gehackt
250 ml trockener Weißwein
1 l Wasser
3 EL Pflanzenöl
180 g Andouille oder andere pikante Wurst, gewürfelt
120 g Tasso (geräucherter Schinken), gewürfelt
250 g Cajun-Gemüse (siehe S. 3)
1 rote Paprikaschote, kleingewürfelt
1 Dose Tomaten (ca. 425 g), gehackt
3 TL Cajun-Gewürze (siehe S. 3)
2 Lorbeerblätter
600 g weißer Langkornreis
3 Frühlingszwiebeln
18 große Austern

1 Garnelen schälen, Darm entfernen. Köpfe, Schalen und Schwänze mit Zwiebeln, Sellerie, Wein und Wasser aufsetzen, aufkochen und 20 Min. köcheln lassen. Abseihen, Brühe aufheben.

2 In einem großen Topf das Öl erhitzen und Wurst- und Schinkenstücke darin 5–6 Min. anbraten. Herausnehmen und warm stellen. Cajun-Gemüse und Paprikastücke 6–7 Min. in dem Bratfett weich dünsten. Zerdrückte Tomaten, Cajun-Gewürze und Lorbeerblätter dazugeben und 15 Min. köcheln lassen.

3 Wurst- und Schinkenwürfel mit dem Reis und dem Fond in den Topf geben und zugedeckt köcheln lassen, bis der Reis die Flüssigkeit aufgenommen hat.

4 Garnelen und fein gehackte Frühlingszwiebeln unterziehen und unter gelegentlichem Rühren 4 Min. mitkochen. Austern einrühren und servieren.

Für die Brühe Köpfe, Schalen und Schwänze der Garnelen in einen Topf geben.

Wurst und Schinken in 1 cm große Würfel schneiden, Gemüse vorbereiten.

Den Fond sorgfältig abgießen. Garnelenabfälle und Gemüse wegwerfen.

Wurst, Schinken und Reis zu dem Gemüse geben. Mit Fond auffüllen.

Pikante Garnelen

Scharf und würzig.

Vorbereitungszeit:
10 Minuten +
20 Minuten Ruhezeit
Zubereitungszeit:
10 Minuten
Für 4 Personen

24 große ungekochte Garnelen
1 TL süßer Paprika
1/2 TL zerdrückte getrocknete Chilischoten
2 1/2 TL Cajun-Gewürze (siehe S. 3)
1 Zwiebel, in dünne Ringe geschnitten
1/2 rote Paprikaschote, in feine Streifen geschnitten
4 feingehackte Knoblauchzehen
60 g Butter
125 ml Sahne
1 EL feingehackte Petersilie

1 Den Kopf der Garnelen mit der Schere abschneiden, Rückenpanzer einschneiden und Darm entfernen. Paprika, Chili und Cajun-Gewürze vermischen, die Garnelen damit bestreuen und 20 Min. stehen lassen.

2 In einer großen Pfanne Zwiebelringe, Paprikastücke und Knoblauch etwa 6 Min. in Butter weichdünsten.

3 Garnelen zugeben und bei großer Hitze braten, bis sie Farbe annehmen. Sahne einrühren und köcheln lassen, bis die Garnelen gar sind. Mit Petersilie bestreuen und mit Reis und Gemüse der Saison servieren.

TIP

Garnelen, die in der Schale gebraten werden, sind aromatischer und ergeben eine besonders kräftige und cremige Sauce. Falls gewünscht, kann man die Schale aber auch vor dem Braten entfernen.

Kopf der Garnelen mit der Schere abschneiden, Rückenpanzer einschneiden und Darm entfernen.

Garnelen mit der Würzmischung bestreuen und 20 Minuten stehen lassen.

Garnelen in die Pfanne mit Zwiebeln, Paprika und Knoblauch geben; braten, bis sie Farbe annehmen.

Sahne angießen und köcheln lassen, bis die Garnelen gar sind. Petersilie unterrühren.

Gefüllte Krebse

Mit Salat servieren.

6 mittelgroße gekochte Krebse
60 g Buter
2 Knoblauchzehen, fein gehackt
1/2 rote Paprikaschote, fein gehackt
200 g Cajun-Gemüse (siehe S. 3)
1/2 frische Chilischote, gehackt
1/4 TL Selleriesalz
1/4 TL getrockneter Thymian
Pfeffer
150 ml konzentrierte Meeresfrüchte-Bisque
60 g frisch geriebenes Weißbrot

Vorbereitungszeit: 30 Minuten
Zubereitungszeit: 25 Minuten
Für 6 Personen

1 Krebse öffnen, nicht eßbare Teile entfernen. Beine und Scheren ablösen, öffnen und das Fleisch entfernen.

2 Rückenpanzer der Krebse säubern und beiseite stellen. Krebsfleisch mit den Fingern zerpflücken; Reste des Panzers entfernen.

3 Knoblauch, Paprika, Cajun-Gemüse und Chili circa 5 Min. in der Butter andünsten.

4 Mit Selleriesalz, Thymian und Pfeffer würzen; Bisque angießen und 3–4 Min. kochen lassen. Krebsfleisch und die Hälfte des geriebenen Weißbrots dazugeben und bei großer Hitze unter ständigem Rühren kurz aufkochen.

5 Mischung in die Krebshälften füllen, Oberfläche glätten. Das restliche geriebene Brot darauf verteilen; andrücken.

6 Ofen auf 200 °C vorheizen. Krebse auf ein Backblech legen und 15 Min. goldbraun backen.

TIP
Das Gericht läßt sich auch mit tiefgefrorenem Krebsfleisch in kleinen Auflaufförmchen zubereiten. Wenn keine Meeresfrüchte-Bisque erhältlich ist, Austern- oder Hühnercremesuppe oder auch nur Sahne benutzen.

Die Beine und Scheren ablösen, öffnen und das Fleisch entfernen.

Selleriesalz, Thymian, Pfeffer und Bisque mit den gedünsteten Gemüsen verrühren.

Krebsfleisch und die Hälfte des geriebenen Weißbrots zugeben und unter Rühren kurz aufkochen.

Mischung in die Krebsschalen füllen. Das restliche geriebene Brot darauf verteilen, andrücken.

Gemüse anbräunen und mit Thymian und Cayenne-pfeffer würzen. Geriebenes Weißbrot unterrühren.

In den dicksten Teil des Fleischs eine Tasche schneiden und mit der Gemüsemischung füllen.

FLEISCH UND GEFLÜGEL

Die herzhaften Gumbos und Jambalayas, die in diesem aromatischen Kapitel beschrieben werden, basieren auf saftigem Rind- und Hühnerfleisch.

Roastbeef nach Cajun-Art

Vorbereitungszeit: 15 Minuten
Zubereitungszeit: $1^3/_4$ Stunden
Für 6 Personen

2 Rippenstücke vom Rind (mit je drei Koteletts)
180 g Cajun-Gemüse (siehe S. 3)
5 Knoblauchzehen
15 g Butter
Pfeffer nach Geschmack
1 TL getrockneter Thymian
$^1/_2$ TL Cayennepfeffer
60 g frisch geriebenes Weißbrot
4 Lorbeerblätter

1 Mit einem Messer in den dicksten Teil der Fleischstücke eine Tasche schneiden.

2 Cajun-Gemüse mit 2 gehackten Knoblauchzehen in Butter goldbraun andünsten. Mit Pfeffer, Thymian und Cayennepfeffer würzen. Geriebenes Brotkrumen einrühren. Fleischtasche mit der Mischung füllen.

3 Bratenstücke pfeffern und an mehreren Stellen einschneiden. Restliche Knoblauchzehen halbieren und zusammen mit den Lorbeerblättern in die Einschnitte schieben. Fleischstücke zusammenbinden.

4 Fleisch auf ein tiefes Backblech legen und mit 250 ml Wasser oder 125 ml Wasser und 125 ml trockenem Weißwein begießen. Im vorgeheizten Ofen bei 190 °C circa $1^1/_2$ Std. braten. Gelegentlich mit Bratenflüssigkeit begießen.

5 Vor dem Aufschneiden 15 Min. ruhen lassen. Bratensaft einkochen und zum Fleisch servieren.

Halbierte Knoblauchzehen und Lorbeerblätter in die Einschnitte schieben.

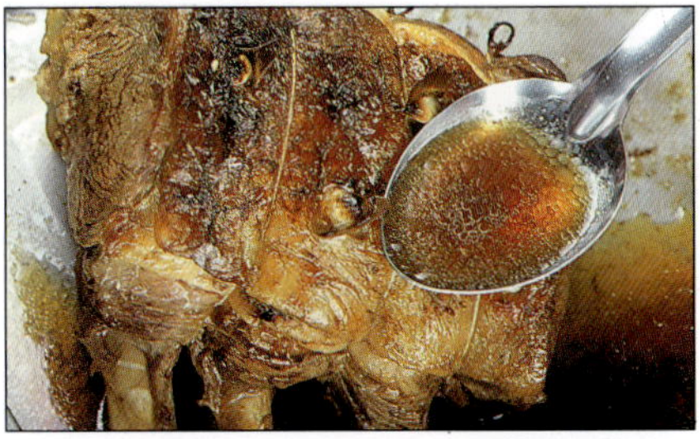

Fleisch mit 250 ml Flüssigkeit im Ofen braten. Gelegentlich mit dem Bratensaft begießen.

Kreolische Pasteten

Vorbereitungszeit:
20 Minuten +
30 Minuten Kühlen
Zubereitungszeit:
45 Minuten
Ergibt 6 Pasteten

FÜR DEN TEIG:	***45 g Butter***
600 g Mehl	***3 große Knoblauchzehen, fein gehackt***
2 EL Zucker	***750 g Schweine- oder Rinderhackfleisch***
180 g eiskalte Butter, in Stücke geschnitten	***2 Lorbeerblätter***
250 ml kalte Milche	***2 TL Cajun-Gewürze (siehe S. 3)***
1 Ei	***1 Dose Tomaten (ca. 425 g), gehackt***
FÜR DIE FÜLLUNG:	***2 EL gehackte Petersilie***
350 g Cajun-Gemüse (siehe S. 3)	

1 Mehl, Zucker und Butter in der Küchenmaschine zu einer feinkrümeligen Mischung verarbeiten. Milch zugeben und zu einem weichen Teig verarbeiten. In Plastikfolie einschlagen und eine halbe Std. in den Kühlschrank stellen.

2 Cajun-Gemüse 3–4 Min. in Butter andünsten, dann Knoblauch und Hackfleisch dazugeben und leicht anbräunen. Lorbeerblätter, Cajun-Gewürze und zerkleinerte Tomaten unterrühren und ohne Deckel 20 Min. köcheln lassen.

3 Petersilie einrühren, vom Herd nehmen und abkühlen lassen.

4 Teig auf einer leicht bemehlten Arbeitsfläche 1,5 cm dick ausrollen und 6 Kreise von 20 cm Durchmesser ausstechen. Füllung auf den Teigkreisen verteilen; Ränder mit Wasser bestreichen. Teig über die Füllung schlagen; Ränder gut andrücken. Mit dem geschlagenen Ei bestreichen.

5 Pasteten auf ein Backblech legen und im vorgeheizten Ofen 20 Min. bei 210 °C backen.

Lorbeerblätter, Gewürze und Tomaten mit der Hackfleisch-Gemüse-Füllung verrühren.

Die Füllung auf die sechs Teigkreise verteilen; Ränder mit Wasser bestreichen.

Den Teig über die Füllung schlagen und die Ränder zusammendrücken.

Mit einer Gabel dekorativ einstechen und mit geschlagenem Ei bestreichen. Im Ofen backen.

Gumbo mit Hühnerfleisch

Vorbereitungszeit: 15 Minuten
Zubereitungszeit: $1^1/_2$ Stunden
Für 6 Personen

$1^1/_2$ kg Hühnerteile
2 TL Cajun-Gewürze (siehe S. 3)
30 g Butter
40 g Mehl
500 g Cajun-Gemüse (siehe S. 3)
2 Würfel Hühnerbrühe
2 Lorbeerblätter
2 TL zerdrückte getrocknete Chilischoten
1 Gewürznelke
3 Pimentkörner
$^1/_2$ TL getrockneter Thymian
750 ml Wasser
250 g Andouille oder eine andere pikante Wurstsorte
3 Frühlingszwiebeln, gehackt
1 EL gehackte Petersilie

1 Hühnerteile mit den Cajun-Gewürzen einreiben und in einem großen Topf circa 15 Min. in der Butter anbraten. Herausnehmen und warm stellen.

2 Mehl über den Bratensaft streuen und bei großer Hitze 5 Min. kräftig durchschlagen. Cajun-Gemüse zu der Roux geben und 1–2 Min. mitkochen.

3 Hühnerteile zurück in den Topf legen und mit Wasser, Brühwürfeln, Lorbeerblättern, Chili, Nelke, Piment und Thymian zum Kochen bringen. Zugedeckt etwa eine halbe Std. köcheln lassen. Wurst dazugeben und weitere 30 Min. kochen.

4 Wurst herausnehmen und in Scheiben schneiden. Mit Frühlingszwiebeln und Petersilie wieder in den Topf geben, 2 Min. kochen lassen und mit viel gedämpftem weißem Reis servieren.

Hinweis: Falls vorhanden, Filépulver über den Gumbo streuen.

TIP
Statt der Wurst kann man auch geviertelte, hartgekochte Eier zugeben.

Die gehackten Cajun-Gemüse in die aus Bratensaft und Mehl gerührte Roux geben.

Hühnerteile mit Brühwürfeln, Chili, Nelke, Piment und Kräutern zurück in den Topf geben.

Wurst herausnehmen, in Scheiben schneiden und nochmals kurz mitkochen.

Frühlingszwiebeln in Scheiben schneiden; Petersilie fein hacken.

Jambalaya mit Räucherschinken und Hühnerfleisch

Vorbereitungszeit: 45 Minuten
Zubereitungszeit: $1^1/_4$ Stunden
Für 6 Personen

1 kg Hühnerteile, entbeint
1 kleine Möhre, gehackt
1 kleine Zwiebel, gehackt
6 Pfefferkörner
2 Petersilienzweige
1 Zweig frischer Thymian
1 l Wasser
500 g Tasso (geräuchter Schinken), gewürfelt
2 EL Pflanzenöl
350 g Cajun-Gemüse *(siehe S. 3)*
2 Knoblauchzehen, gehackt
1 Dose Tomaten (ca. 425 g), gehackt
600 g weißer Langkornreis
2 TL Cajun-Gewürze *(siehe S. 3)*

1 Haut und Knochen der Hühnerteile mit Möhre, Zwiebel, Pfefferkörnern, Kräutern und Wasser aufsetzen, aufkochen und ohne Deckel eine halbe Std. köcheln lassen. Durch ein Sieb gießen; Brühe aufheben.

2 Hühnerfleisch in Stücke schneiden und mit den Schinkenwürfeln circa 6 Min. in Öl anbraten. Cajun-Gemüse und Knoblauch zugeben und goldbraun braten. Zerkleinerte Tomaten, Reis, 750 ml Brühe und Cajun-Gewürze dazugeben und zum Kochen bringen.

3 In eine gefettete Auflaufform umfüllen und ohne Deckel eine Std. bei 180 °C im Ofen backen, bis der Reis gar und oben ein wenig knusprig ist.

Hinweis: Man kann auch 750 g Hühnerbrustfilet und 750 ml fertige Hühnerbrühe verwenden. Dann den ersten Schritt auslassen.

TIP

Je nach Wunsch kann man auch etwas weniger Flüssigkeit benutzen und das Gericht zugedeckt bei mäßiger Hitze kochen, bis der Reis gar ist.

Haut und Knochen der Hühnerteile mit Gemüse, Gewürzen, Kräutern und Wasser aufsetzen.

Cajun-Gemüse und Knoblauch zum Fleisch geben und goldbraun anbraten.

Tomaten und Reis unter das Fleisch und das Gemüse rühren.

750 ml Hühnerbrühe angießen, Cajun-Gewürze zugeben und zum Kochen bringen.

Stubenküken mit Maisbrotfüllung

Vorbereitungszeit: 20 Minuten
Zubereitungszeit: 40-50 Minuten
Für 4 Personen

4 Stubenküken oder kleine Hähnchen, je circa 300 g
weißer Pfeffer
45 g Butter
1 Zwiebel, fein gehackt
1 Stange Sellerie, fein gehackt
1 kleine Möhre, fein gehackt
1 kleine rote Paprikaschote, fein gehackt
1 TL Cajun-Gewürze (siehe S. 3)
50 g frisch geriebenes Maisbrot (siehe Hinweis)
60 g Garnelen, gekocht und geschält
2 EL helle Roux (siehe S. 3)

1 Küken waschen, abspülen und pfeffern. Ofen auf 190 °C vorheizen.
2 Zwiebel, Möhre, Sellerie und Paprika mit den Cajun-Gewürzen in Butter anbräunen.
3 Ein Drittel des angedünsteten Gemüses sehr fein hacken, mit dem geriebenen Maisbrot und den in Scheiben geschnittenen Garnelen vermischen und die Küken mit der Mischung füllen. Öffnung mit kleinen Spießen verschließen.
4 Das restliche Gemüse mit 180 ml Wasser in eine gebutterte Auflaufform geben. Die Küken auf das Gemüsebett legen und 45 Min. im Ofen braten; gelegentlich mit dem Bratensaft begießen. Herausnehmen und warm stellen.
5 Für die Sauce die Roux bei großer Hitze mit dem Bratensaft verrühren. 4–5 Min. kochen lassen, dann zu den Küken servieren.

Hinweis: Das Maisbrot kann durch Weiß- oder Graubrot ersetzt werden. Wer möchte, kann das Gericht auch mit Wachteln zubereiten, man rechnet dann zwei Wachteln pro Person.

Zwiebel, Sellerie und Möhre in der heißen Butter weichdünsten.

Ein Drittel des gedünsteten Gemüses fein hacken.

Die gehackten Gemüse mit dem geriebenen Maisbrot und den Garnelenscheiben mischen.

Die Küken gleichmäßig mit der Mischung füllen.

Pikantes Huhn

Problemlos zubereitet.

Vorbereitungszeit: 10 Minuten
Zubereitungszeit: 25 Minuten
Für 6 Personen

6 Hühnerbrustfilets
1 EL Cajun-Gewürze (siehe S. 3)
1/2 TL getrockneter Oregano
1 TL süßer Paprika
75 g Mehl
350 g Cajun-Gemüse (siehe S. 3)
1/2 rote Paprikaschote
120 g Butter
4 EL Pflanzenöl
2 Knoblauchzehen, fein gehackt
1 Dose Tomaten (ca. 425 g), zerdrückt
1/2 TL Tabasco-Sauce
1 TL Zucker
250 ml Wasser

1 Cajun-Gewürze, Oregano und Paprikapulver mit dem Mehl vermischen. Die Hühnerfilets mit dem gewürzten Mehl bestäuben; restliches Mehl aufheben.

2 Cajun-Gemüse und Paprikastücke in der Hälfte der Butter und des Öls circa 6 Min. weichdünsten. Knoblauch zugeben und kurz andünsten.

3 Zerdrückte Tomaten, Tabasco-Sauce und Zucker dazugeben und ohne Deckel circa 12 Min. mitkochen lassen.

4 Zwei EL des gewürzten Mehls in die Sauce rühren, 250 ml Wasser angießen und unter Rühren aufkochen, bis die Sauce dick wird.

5 Restliche Butter mit dem restlichen Öl in der Pfanne erhitzen und Hühnerfilets darin knusprig braten.

6 Sauce über das Fleisch gießen und mit grünem Salat und französischem Weißbrot servieren.

TIP
Das Hühnerfleisch in feine Streifen schneiden, würzen und in Mehl wälzen. In Butter und Öl anbraten und kurz in der Sauce mitkochen lassen. Mit Nudeln servieren.

Cajun-Gemüse und Paprika fein hacken.

Zerdrückte Tomaten, Tabasco und Zucker in den Topf geben und 12 Minuten köcheln lassen.

2 EL des gewürzten Mehls über das Gemüse streuen. Unter Rühren andicken lassen.

Die gewürzten Hühnerfilets knusprig braten.

Hühnerpastete

Beliebte Hausmannskost.

Vorbereitungszeit: 20 Minuten
Zubereitungszeit: 30 Minuten
Für 6 Personen

FÜR DEN TEIG:
300 g Mehl mit Backpulver gemischt
1/2 TL getrockneter Thymian
120 g eiskalte Butter, in Stücke geschnitten
200 ml Sahne
FÜR DIE FÜLLUNG:
400 g Hühnerfleisch ohne Knochen, gewürfelt
2 Scheiben Schinkenspeck, gehackt
45 g Butter
2 EL trockener Sherry
125 ml Hühnerbrühe
125 ml Sahne
1 EL Roux (siehe S. 3)
3 Frühlingszwiebeln, fein gehackt
1 Ei (oder Milch)

1 Mehl und Thymian mit der Butter in der Küchenmaschine glattrühren, dann die Sahne zugeben und zu einem glatten Teig verarbeiten. Mit Folie bedeckt eine 1/2 Std. in den Kühlschrank stellen.

2 Hühner- und Schinkenwürfel in Butter anbräunen, Sherry angießen und bei großer Hitze ohne Deckel kochen, bis die Flüssigkeit verdampft ist.

3 Hühnerbrühe, Sahne und Roux zugeben und unter Rühren aufkochen, bis die Sauce dick wird. Frühlingszwiebeln unterziehen. In eine gefettete flache Auflaufform umfüllen.

4 Teig auf einer leicht bemehlten Arbeitsfläche 2 cm dick ausrollen. 20 Plätzchen von 5 cm Durchmesser ausstechen und mit der Gabel einstechen.

5 Plätzchen über der Füllung verteilen, mit geschlagenem Ei oder etwas Milch bestreichen und im vorgeheizten Ofen bei 220 °C circa 15 Min. goldbraun backen.

TIP
Statt Hühnerfleisch Ente oder Kabeljau benutzen.

Hühner- und Schinkenwürfel in Butter anbräunen; Hühnerbrühe angießen.

Wenn die Sauce dick wird, Frühlingszwiebeln dazugeben.

Plätzchen von 5 cm Durchmesser ausstechen und mit der Gabel einstechen.

Plätzchen auf der Füllung verteilen und mit geschlagenem Ei oder etwas Milch bestreichen.

Huhn nach Kreolenart

Vorbereitungszeit: 10–15 Minuten
Zubereitungszeit: $1^1/_4$ Stunden
Für 6 Personen

$1^1/_2$ kg Hühnerteile (12 mittelgroße Stücke)
2 EL Cajun-Gewürze (siehe S. 3)
$^1/_2$ TL getrocknetes Basilikum
2 TL süßer Paprika
150 g Mehl
3 EL Pflanzenöl
350 g Cajun-Gemüse (siehe S. 3)
1 rote Paprikaschote, in 1 cm große Würfel geschnitten
1 kleine rote Chilischote, entkernt und gehackt
250 ml Wasser
2 Würfel Hühnerbrühe
250 ml saure Sahne
25 g Butter

1 Die Hühnerteile abtrocknen und in dem mit Cajun-Gewürzen, Basilikum und Paprika gemischten Mehl wenden. Restliches Mehl aufheben.

2 In einer großen Pfanne das Öl erhitzen und die Hühnerteile nach und nach circa 4 Min. auf jeder Seite knusprig und goldbraun anbraten. Herausnehmen und abtropfen lassen.

3 Cajun-Gemüse, Paprika und Chili in 2 EL Öl anbräunen. In eine feuerfeste Form umfüllen und die Hühnerteile darauf verteilen. 250 ml Wasser darübergießen. Im Ofen bei 180 °C zugedeckt 40 Min. braten. Dann Brühwürfel und Sahne zugeben und weitere 20 Min. ohne Deckel braten.

4 In einem kleinen Topf 3 EL des gewürzten Mehls mit der Butter verrühren und goldbraun anschwitzen. In den Bratensaft einrühren. Falls nötig, noch etwas Wasser angießen. Sauce zum Fleisch servieren.

TIP
Das Gericht läßt sich auch mit Kaninchen- oder Ententeilen auf dieselbe Art zubereiten.

Cajun-Gewürze, Basilikum, Paprika und Mehl vermischen.

Hühnerteile in dem gewürzten Mehl wenden; restliches Mehl für die Sauce aufbewahren.

Cajun-Gemüse, Paprika und Chili in 2 EL Öl andünsten.

In einer feuerfesten Form die Hühnerteile auf dem Gemüse verteilen; Wasser angießen.

Gewürze, Zwiebeln, Haxe, Sellerie und Knoblauch ins kochende Wasser geben.

Abgetropfte Bohnen zugeben und weitere 40 Minuten kochen. Haxe herausnehmen.

GEMÜSE UND BEILAGEN

Die Cajun-Küche kennt viele köstliche und herzhafte Gemüsegerichte, oft mit geräuchertem Schinken angereichert.

Rote Bohnen nach Cajun-Art

Vorbereitungszeit: 10–15 Minuten + eine Nacht Einweichen
Zubereitungszeit: 3 Stunden
Für 6-8 Personen

300 g getrocknete rote Kidney-Bohnen
1,5 l Wasser
1 große Zwiebel, gewürfelt
750 g Schweinshaxe
1 Stange Sellerie, in 1 cm dicke Stücke geschnitten
2 Knoblauchzehen, gehackt
2 Lorbeerblätter
2 TL Cajun-Gewürze (siehe S. 3)
1/4 TL getrockneter Oregano
1/2 TL Pimentpulver
1 große grüne Paprikaschote, in große Stücke geschnitten

1 Bohnen mit Wasser bedecken und über Nacht einweichen.

2 In einem großen Topf das Wasser zum Kochen bringen; Zwiebelwürfel, Schweinshaxe, Sellerie, Knoblauch, Lorbeerblätter, Cajun-Gewürze, Oregano und Piment zugeben und 40 Min. ohne Deckel köcheln lassen. Abgetropfte Bohnen dazugeben und weitere 40 Min. kochen lassen.

3 Haxe herausnehmen, Knochen entfernen und Fleisch in kleine Stücke schneiden. Zusammen mit den Paprikastücken zurück in den Topf geben und weiter kochen, bis die Bohnen weich sind; Lorbeerblätter entfernen. Als Vorspeise oder Beilage servieren.

Knochen entfernen, Fleisch in kleine Stücke schneiden und zurück in den Topf geben.

Paprikastücke zugeben und kochen, bis die Bohnen weich sind. Lorbeerblätter entfernen.

Glasierte Süßkartoffeln

Vorbereitungszeit:
6 Minuten
Zubereitungszeit:
1 Stunde
Für 6 Personen

800 g Süßkartoffeln
90 g Butter
90 g brauner Zucker
1 EL Zitronensaft
125 ml Orangensaft
1 Zimtstange
2 TL geriebene Zitronenschale

1 Süßkartoffeln schälen und in dicke Scheiben schneiden. In eine Auflaufform schichten und mit der zerlassenen Butter begießen.

2 Mit Zucker bestreuen, Zitronen- und Orangensaft und Zimtstange zugeben.

3 Form mit Deckel verschließen und bei 180 °C 30 Min. im Ofen backen. Umrühren, Zimtstange entfernen und mit der Zitronenschale bestreuen.
15–30 Min. ohne Deckel backen, bis die Oberfläche knusprig wird.

TIP
Das Fleisch der Süßkartoffeln kann weiß, gelb oder orange sein. Brauner Zucker und Saft von Zitrusfrüchten betonen die natürliche Süße.

Süßkartoffeln schälen und in dicke Scheiben schneiden. In eine Auflaufform schichten.

Zerlassene Butter über die Kartoffeln gießen. Zucker, Saft und Zimtstange hinzufügen.

Wenn die Süßkartoffeln gar sind, durchrühren und die Zimtstange entfernen.

Mit geriebener Zitronenschale bestreuen und 15–30 Minuten backen.

'Dirty Rice'

'Schmutziger Reis'

Vorbereitungszeit: 15 Minuten
Zubereitungszeit: 30 Minuten
Für 6 Personen

450 g Cajun-Gemüse (siehe S. 3)
60 g Butter
2 Knoblauchzehen, gehackt
180 g Hühnerleber, gehackt
250 g Hackfleisch vom Schwein
2 EL rotbraune Roux (siehe S. 3)
$1^1/_2$ Würfel Hühnerbrühe
$^1/_2$ TL Tabasco-Sauce
2 TL Cajun-Gewürze (siehe S. 3)
schwarzer Pfeffer
500 g weißer Langkornreis
750 ml Hühnerbrühe

1 Cajun-Gemüse in Hälfte der Butter weich dünsten, Knoblauch dazugeben und kurz mitdünsten lassen; Gemüse herausnehmen und beiseite stellen.

2 Leber und Hackfleisch 2–3 Min. unter Rühren anbraten, Klumpen mit der Gabel zerdrücken. Gemüse dazugeben und 2–3 Min. mitkochen.

3 Roux, Brühwürfel, Tabasco, Cajun-Gewürze, Reis und Brühe einrühren, nach Geschmack pfeffern. Aufkochen und circa 20 Min. köcheln lassen.

4 Abschmecken, gut durchrühren und servieren.

Hinweis: Wer möchte, kann gehackte Frühlingszwiebeln in den Reis rühren. Mit hartgekochten, geviertelten Eiern, gewürfeltem Schinken oder in Stücke geschnittenem, gekochten Hühnerfleisch, gekochten Garnelen und roten Bohnen wird der 'Dirty Rice' zu einer sättigenden Hauptmahlzeit.

TIP

'Dirty Rice' ist ein traditionelles Gericht der Cajun-Küche. Der Name erklärt sich durch die bräunliche Farbe. Er wird als preiswertes Hauptgericht oder als aromatische Beilage serviert. Leber und Hackfleisch verleihen dem Reis ein köstliches Aroma.

Cajun-Gemüse zu dem Fleisch geben und kurz aufkochen.

Roux, Brühwürfel, Tabasco, Cajun-Gewürze und Pfeffer in den Topf geben.

Gut durchrühren, bevor der Reis zugegeben wird.

Hühnerbrühe angießen, aufkochen und 20 Minuten köcheln lassen.

Spinat mit Fleischbrühe

1 geräucherte Schweinshaxe (ca. 750 g)
2 1/2 l Wasser
20 Spinatblätter
3 Kartoffeln

1 Haxe mit dem Wasser in einem großen Topf zum Kochen bringen und ohne Deckel 20 Min. köcheln lassen.

Vorbereitungszeit: 5 Minuten
Zubereitungszeit: 2–2 1/2 Stunden
Für 6 Personen

Aufsteigenden Schaum abschöpfen.

2 Spinat gründlich waschen.

3 Spinat mit in den Topf geben und zugedeckt 20 Min. kochen. Kartoffeln schälen, halbieren und circa 15 Min. mitkochen, bis sie weich sind.

4 Spinat mit dem Schaumlöffel aus der Brühe nehmen und in eine tiefe Servierschüssel geben.

5 Haxe herausnehmen, Haut und Knochen entfernen. Das Fleisch in kleine Würfel schneiden. Fleisch und Kartoffeln zu dem Spinat geben; Brühe darüber gießen. Sofort servieren.

Hinweis: Dieses Gericht wird auch als 'Topflecker' bezeichnet, mit anderen Worten, es wird kaum etwas davon übrigbleiben!

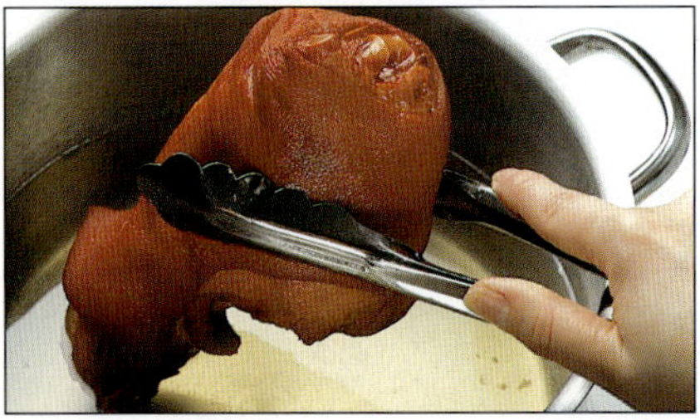

Die Schweinshaxe mit 2 1/2 l Wasser aufsetzen und zum Kochen bringen.

Den gut gewaschenen Spinat zugedeckt 20 Min. mitkochen lassen.

Kartoffeln schälen, halbieren und in der Brühe weichkochen.

Spinat herausnehmen und in eine Suppenterrine geben.

Die Mehl-Butter-Mischung in einer Schüssel mit der Buttermilch verrühren.

Den Teig schnell und leicht verkneten. Nicht zu stark kneten!

KUCHEN UND GEBÄCK

Die folgenden Backwaren sind unkompliziert und schmackhaft. Sie sind zum Frühstück genauso geeignet wie zum Nachmittagskaffee.

Süße Brötchen nach Louisiana-Art

750 g Mehl mit Backpulver gemischt
1 TL Backpulver zusätzlich
1 EL feiner Zucker
150 g Butter, in Stücke geschnitten
375–500 ml Buttermilch
2 EL Milch oder Sahne

Vorbereitungszeit: 10 Minuten
Zubereitungszeit: 12 Minuten
Ergibt 18 Stück

1 Mehl, zusätzliches Backpulver und Zucker in der Küchenmaschine kurz vermischen, die Butter zugeben und glattrühren. In eine Rührschüssel geben, Buttermilch einrühren und kurz zu einem weichen Teig verkneten. Nicht zu stark kneten!

2 Den Teig auf einer bemehlten Arbeitsfläche 3 cm dick ausrollen. Mit einem bemehlten runden Ausstechförmchen von 5 cm Durchmesser Kreise ausstechen und auf ein gut gefettetes Backblech legen.

3 Die Oberseite mit Milch oder Sahne bestreichen und im vorgeheizten Ofen bei 220 °C circa 12 Min. goldbraun backen. Heiß servieren.

Hinweis: Die süßen Brötchen nach Louisiana-Art haben viel Ähnlichkeit mit Scones. Sie schmecken am besten, wenn man sie mit Konfitüre und viel Schlagsahne füllt. Der Teig muß sehr schnell und leicht geknetet werden; beim Ausrollen nicht zuviel Mehl verwenden.

Teig 3 cm dick ausrollen. Kreise von 5 cm Durchmesser ausstechen.

Die Brötchen auf ein gefettetes Backblech legen und mit Milch oder Sahne bestreichen.

Maisbrot

Mit Butter servieren.

Vorbereitungszeit: 10 Minuten
Zubereitungszeit: 40–50 Minuten
Ergibt 1 Laib

250 g gesiebtes Mehl, mit Backpulver vermischt
150 g feines Maismehl
40 g Maisstärke
1 TL Backpulver zusätzlich
50 g feiner Zucker
350 ml Milch
60 g Butter
1 Ei
30 g zerlassene Butter zusätzlich

1 Eine flache, rechteckige Backform, 30 x 20 cm groß, im vorgeheizten Ofen bei 180 °C 5 Min. erwärmen.

2 In einer Rührschüssel Mehl, Maismehl, Maisstärke, Zucker und Backpulver vermischen.

3 Milch erwärmen und mit dem Ei und der Butter verschlagen. Mischung zu dem Mehl geben und gut unterrühren.

4 Die warme Backform mit Butter einfetten. Teig darin verstreichen. Oberfläche glätten.

5 Im vorgeheizten Ofen 25 Min. bei 180 °C backen. Die Oberfläche mit der zerlassenen Butter bestreichen und weitere 15 Min. backen.

6 In Stücke schneiden und heiß servieren.

Mehl, Maismehl, Maisstärke, Zucker und Backpulver in einer Schüssel vermischen.

Die Milch erwärmen und mit der Butter und dem Ei verrühren.

Die Milch-Mischung mit dem Mehl zu einem glatten Teig verrühren.

Den Teig in die heiße Backform streichen; Oberfläche glätten. 25 Minuten backen.

Brotpudding

Mit gesüßter Schlagsahne servieren.

Vorbereitungszeit:
10 Minuten +
30 Minuten Ruhen
Zubereitungszeit:
50 Minuten
Für 8 Personen

4 Eier
250 g feiner Zucker
1 1/2 TL Vanilleessenz
1 TL Muskatnuß
1 1/2 TL gemahlener Zimt
45 g Butter, zerlassen
2 TL geriebene Zitronenschale
375 ml Milch
125 ml Sahne
12 dicke Weißbrotscheiben
100 g grob gehackte Datteln
40 g gehackte Pecannüsse

1 Eier, Zucker, Vanilleessenz, Zimt und Butter in der Küchenmaschine verrühren. Zitronensaft, Milch und Sahne unterrühren.
2 Die Brotscheiben in Quadrate von circa 3 cm Länge schneiden.
3 Eine Auflaufform einfetten. Die Form mit einem Drittel der Brotstücke auslegen, die Hälfte der Datteln und Nüsse darauf verteilen und die Hälfte der Creme darübergießen. Mit einer weiteren Lage Brot, Nüsse, Datteln und Creme bedecken.
4 Das restliche Brot darauf verteilen und zugedeckt 30 Min. stehen lassen.
5 Im vorgeheizten Ofen 45–50 Min. bei 180 °C backen. Heiß servieren.

Hinweis: Statt Zitronen- kann man auch Orangenschale verwenden. Wer möchte, kann auch weniger Zimt benutzen.

TIP

Man kann den Brotpudding auch mit einer köstlichen Sauce servieren. Dazu 60 g Butter mit 70 g braunem Zucker, 1 TL gemahlenem Zimt und 1 EL Rum erhitzen, bis die Butter geschmolzen und alle Zutaten gut vermischt sind. Warm servieren.

Geriebene Zitronenschale, Milch und Sahne mit der Eiermischung verrühren.

Die Hälfte der Datteln und Nüsse auf den Brotstücken verteilen.

Die Hälfte der Creme über die Datteln und Nüsse gießen.

Eine weitere Schicht Brot, Nüsse und Creme darüber verteilen.

Vanillecreme-Torte

Vorbereitungszeit: 20 Minuten + 3 Stunden Kühlen
Zubereitungszeit: 45–50 Minuten
Für 8 Personen

FÜR DEN TEIG:
250 g Mehl
1 TL Backpulver
60 g gekühltes Schmalz
50 g feiner Zucker
1 TL Vanilleessenz
1 Ei
kalte Milch

FÜR DIE VANILLE-CREME:
500 ml Milch
1 Zimtstange
2 Streifen Zitronenschale
3 Eigelb
100 g feiner Zucker
40 g Maisstärke
45 g Butter

1 Mehl und Backpulver mit dem Schmalz in der Küchenmaschine circa 1 Min. verarbeiten. Zucker, Vanilleessenz, das Ei und genügend Milch zugeben, um einen glatten Teig zu erhalten. Mit Folie bedecken und 3 Std. in den Kühlschrank stellen.

2 350 ml Milch mit Zimt und Zitronenschale erhitzen. Kurz vor dem Kochen vom Herd nehmen.

3 Eigelb und Zucker im Wasserbad über siedendem Wasser aufschlagen, bis die Mischung dick wird.

4 Die restlichen 150 ml Milch mit der Maisstärke verrühren, in die Eiermischung geben. Die warme Milch durch ein Sieb dazugießen und langsam dick werden lassen. Vom Herd nehmen und die Butter einschlagen. Abkühlen lassen.

5 Hälfte des Teigs ausrollen und Tortenbodenform von 23 cm Durchmesser damit auslegen. Creme darauf verteilen. Mit dem ausgerollten restlichen Teig bedekken. Mit Milch bestreichen.

6 Im vorgeheizten Ofen 25 Min. bei 200 °C goldbraun backen.

Wenn die Creme im Topf dick wird, vom Herd nehmen und die Butter unterrühren.

Tortenbodenform mit der Hälfte des ausgerollten Teigs auslegen und Creme darauf verteilen.

Mit dem restlichen Teig abdecken; Ränder gut verschließen.

Die Ränder glattschneiden und dekorativ eindrücken. Mit Milch bestreichen.

REGISTER